Société d'Agriculture

Avis aux Cultivateurs
sur la culture du
Tabac en France.

(par
Henri Tessier)

S 611

Number

for

the Sum of

Received of

of the Flora Londinensis.

A V I S

AUX CULTIVATEURS,

SUR

LA CULTURE DU TABAC EN FRANCE.

PUBLIÉ

PAR LA SOCIÉTÉ ROYALE D'AGRICULTURE.

A PARIS,

De l'Imprimerie de la FEUILLE DU CULTIVATEUR,
rue des Foſſés Saint-Victor, n°. 12.

1791.

AVIS
AUX CULTIVATEURS,

SUR LA CULTURE DU TABAC EN FRANCE.

Publié par la SOCIÉTÉ ROYALE D'AGRICULTURE.

Un Décret de l'Assemblée Nationale, du 12 Février, sanctionné par le Roi, rend libre, dans toute la France, la culture du Tabac. Quoique cette plante ne soit pas une de celles qui sont essentielles à la vie de l'homme & à la nourriture des animaux domestiques, cependant elle est très-importante, à cause de la consommation qui s'en fait dans diverses contrées du monde. Le nombre des Habitans de la France pour lesquels elle est devenue un besoin, est si considérable, qu'on ne saurait négliger les moyens d'en accroître & d'en perfectionner la culture. Ces motifs ont déterminé la Société d'Agriculture à saisir avec empressement les premiers instans pour faire jouir de ce bienfait tous les Cultivateurs du Royaume, en indiquant à ceux qui ne le savent pas comment on multiplie & comment on prépare le Tabac. Les détails dans lesquels nous allons entrer sont puisés dans des Mémoires qui ont été communiqués par plusieurs Associés ou Correspondans de la Société.

Le Tabac, comme beaucoup d'autres plantes, se sème d'abord en pépinière, & se transplante quand il a une certaine force. La pépinière doit être une couche à fumier pour les pays où le Printems est froid, & seulement une planche de terre de jardin pour les pays où le commencement de cette saison est doux.

Les Cultivateurs peuvent consulter des Jardiniers sur la manière de faire une couche, & sur les degrés de chaleur qu'elle doit avoir pour y semer la graine de Tabac. On emploie communément du fumier de cheval qui ne soit pas consommé, à son défaut, c'est du fumier de vache, moins bon. On en rassemble à proportion de ce qu'on a de graine à semer. Pour planter un arpent de terre de 900 toises carrées (*arpent du Rhin, 120 rocds carrés, 148 t. 18 p.*), il faut trois quarts d'once de graine de Tabac, qui exigent une couche de 22 pieds sur quatre. On donne à la couche l'épaisseur d'un pied & demi ou deux pieds, le fumier étant bien foulé. On recouvre le fumier de 6 pouces de terre, composée d'un mêlange de terre de jardin & de terreau, ou de terre de jardin seule. On environne la couche de planches, pour la soutenir, & pour appuyer des chaffis, fi c'eft dans un pays où on en ait befoin.

La graine de deux ans peut lever auffi bien que celle d'un an. Nous ne garantiffons pas une graine plus ancienne. Dans un cas de doute, on pourrait en effayer quelques graines fous chaffis ou fous cloche, ou feulement fur une couche.

On peut hâter la germination de la graine de Tabac, en la mettant dans un linge qu'on a foin d'humeƈer de tems en tems, & de placer dans un endroit chaud. Quand le germe a environ quatre lignes, on fème la graine, qui ne tarde pas à lever.

Le tems de femer le Tabac, en France, eft depuis la fin de Février jufqu'à la fin de Mars. Cette plante craignant les gelées dans fa jeuneffe, & quand elle approche de fa maturité, il faut la préferver de celles du Printems, & cependant la femer affez tôt pour qu'elle foit mûre avant les frimats de l'Automne.

On choifit un jour où il ne pleut pas pour femer la graine de Tabac. Quelques perfonnes y joignent du fable ou de la terre, à caufe de la fineffe de cette graine, qu'on répand ainfi plus également. Dès qu'elle eft femée, on arrofe la couche avec un arrofoir à petits trous, & on la recouvre de terre fine, paffée par un crible, mais fi légèrement que la graine foit feulement cachée.

A 3

Une précaution qui n'est pas indifférente, c'est de mettre sur ce semis un pailli léger pris dans des débris de vieille couche, ou seulement un peu de paille douce & froissée. Il en résulte que la terre n'est pas battue par les arrosemens, que la semence n'est pas soulevée, & qu'elle lève beaucoup plus également.

Si on a semé de bonne heure, & si le pays est froid, on a la précaution de couvrir la couche pendant les nuits, ou avec des planches soutenues au-dessus, ou avec des cloches à verre, ou avec des branchages ou du fumier long. Il y a même des Cultivateurs de Tabac qui se servent de chassis garnis de carreaux de verre ou de papier huilé.

Afin de hâter la levée de la graine de Tabac, quelques personnes ferment entièrement la couche pendant trois ou quatre jours, en y adaptant des chassis, dont elles enduisent les jointures avec de la bouse de vache. Après ce tems, elles donnent de l'air à la couche, l'arrosent & la ferment moins exactement. Nous ne conseillons pas cette méthode, parce qu'elle a, pour ceux qui ne sauraient pas l'employer, l'inconvénient de brûler la graine & le jeune plant, ou de le faire monter trop rapidement; ce qui l'empêcherait d'acquérir de la force. En sachant profiter de la chaleur de la couche, on n'a pas besoin de l'enfermer. D'ailleurs on peut la réchauffer en appliquant de nouveau fumier tout autour, fi le froid de l'athmofphère l'exigeait.

On aura foin de nettoyer d'herbes le jeune plant fur la couche, & de le mouiller quand il en aura befoin.

Les précautions que nous indiquons pour les couches, peuvent également s'appliquer aux planches, qui les remplacent dans les pays où les couches font inutiles.

Le plan de la graine femée en Février eft bon à tranfplanter en Mai; celui de la graine femée en Mars doit être tranfplanté plus tard : trop jeune ou trop fait, il aurait également de la peine à reprendre. Quand il a deux pouces hors de terre & cinq à fix feuilles, pour peu que le tems foit favorable, on eft fûr qu'il réuffira. On doit avoir l'attention de ne le mettre en place que quand il n'y a plus de gelée à craindre, parce qu'on ne peut l'en garantir en plein champ. Dans le climat de Paris il eft très-rare qu'il gèle après le 10 de Mai.

La terre dans laquelle on doit planter le Tabac exige des préparations que nous allons détailler.

Il eft bon qu'on en effaie, mais en petite quantité, dans toute forte de terrain, afin de voir quel eft celui qui en produira le plus, & qui lui donnera plus de qualité. Les entraves mifes jufqu'ici à cette culture, n'ont pas permis des expériences propres à éclaircir ce point ; mais fi quelqu'un voulait, dès cette année, femer & planter une grande quantité de Tabac, nous nous croyons obligés de le prévenir, que, d'après tous les renfeignemens qui nous font parvenus, le Tabac réuffit mieux dans une terre *fubftantielle*. Par ce mot, nous entendons celle qui eft compofée de fable & de terre végétale, ou de terre franche & d'argile bien mêlées. Il faut qu'elle ait beaucoup de profondeur, & qu'elle foit bien ameublie. Ainfi un arrachis de bois, une prairie retournée, un défrichement profond conviennent d'autant mieux au Tabac, qu'on peut les regarder comme des terres neuves. Il n'eft pas douteux qu'il ne vienne à merveille dans une chenevière, une linière, une fafranière, une houblonière, &c. & dans les bonnes terres à froment.

Selon que les terres deftinées au Tabac ont plus ou moins de compacité, il faut leur donner plus ou moins de labour. Si c'eft à la charrue, on en donnera un avant l'Hiver, afin que la gelée puiffe divifer les mottes, & deux après l'Hiver, favoir, un au commencement du Printems & un peu de tems avant la tranfplantation du Tabac. Il y a tel terrain pour lequel il faut quatre labours, un avant l'Hiver & trois après, encore eft-on obligé de herfer chaque fois.

Le labour à la bêche ou au hoyau eft préférable à celui qui fe fait à la charrue, mais il eft plus

coûteux. Il suffit d'en donner un avant l'Hiver &
un second au Printems, à moins que la terre ne se
couvrît d'herbe, ce qui en exigerait un troisième.

On ne doit point mettre de fumier dans les
terres neuves; mais on en mettra dans celles qui
sont en culture réglée, & qui ont produit du
froment, ou d'autres plantes qui les ont épuisées.
Comme, en général, les terres à Tabac sont des
terres fortes, on préférera le fumier de cheval,
celui de moutons, la fiente de volailles & la
poudrette. Il est inutile de dire aux Cultivateurs
en grand, que s'ils emploient un terrain compaß,
c'est du fumier non consommé qu'il convient d'y
mettre, indépendamment des marnes calcaires
ou des décombres de bâtimens, ou des plâtres,
nécessaires pour le bien diviser, & que dans le
cas où leur terrain serait trop léger, ils le rendraient
plus fort en le fumant avec des engrais consommés,
du fumier de vache sur-tout, & des marnes
remplies d'argile. Ces préparations de terrain sont
nécessaires pour le Tabac, ainsi que pour le maïs
& le froment. La quantité de fumier indispensable
est relative à l'espèce de fumier, à son état & à
la nature du sol. Il suffit de faire observer qu'on
fume les terres à Tabac comme les terres à froment.

En labourant à la main, on peut former de
petites monticules de terre, dont la base soit de
deux ou trois pieds de diamètre. Avec la charrue

même, à la dernière façon, on diſpoſera des
fillons larges & élevés, pareils à ceux d'un champ
où l'on veut planter de la vigne. Ces fillons ou
bandes tiendront lieu de monticules.

La terre étant ainſi préparée, le plant ayant
acquis la hauteur & la force convenables, on
procède à la plantation, pourvu que ce ſoit après
la pluie, car elle eſt néceſſaire pour donner la
facilité d'arracher le plant avec toutes ſes racines,
& même avec une petite motte de terre, & pour
le placer dans un ſol qui ne le deſſèche pas. Il
peut arriver cependant qu'il ne pleuve pas ; dans
ce cas, il faudrait arroſer fortement la couche ou
la planche de pépinière, & arroſer chaque pied,
à meſure qu'on le planterait. On aura ſoin de
ne pas lui donner trop d'eau, il vaudrait mieux
l'arroſer deux fois.

Pour planter, on fait un trou avec un bâton rond,
qu'on recourbe ſeulement à ſa partie ſupérieure
pour ſervir de poignée, on y enfonce le plant
juſqu'à l'œil, c'eſt-à-dire juſqu'à la naiſſance des
feuilles, & on l'aſſujettit en rapprochant la terre,
à l'aide du plantoir. Quand le terrain eſt diſpoſé
en monticules, on met un plant au milieu de
chaque monticule. Quand il l'eſt par bandes ou
fillons rapprochés, on eſpace les plants à deux
pieds au moins les uns des autres, en donnant à
la plantation la forme d'un quinconce : moins le

terrain est bon, plus il faut éloigner les pieds.

Il arrive quelquefois que la sécheresse ou des gelées tardives en font manquer ; on les remplace par une réserve qu'on se ménage dans la pépinière.

On doit toujours tenir propre le champ planté en Tabac, c'est-à-dire le nettoyer d'herbes, en le sarclant autant de fois qu'il est nécessaire ; il lui faut au moins trois sarclages, dont le tems est déterminé par le besoin.

Quand les plantes de Tabac ont un pied ou un pied & demi de hauteur, ce qui a ordinairement lieu six semaines après la plantation, on les chausse en rapprochant la terre, comme on chausse le maïs & les pommes-de-terre. Cette opération se peut faire avec une binette, une bêche étroite, ou quelque autre instrument approprié.

L'époque où on découvre à chaque plante de Tabac un nœud qui est le principe de la fleur, est celui où il faut l'*étêter*. Avec les doigts on en pince & on en ôte le sommet, de manière qu'il ne reste que 12 à 14 feuilles. La plante se trouve réduite à la hauteur de deux pieds. Cet étêtement détermine la pousse de différens bourgeons aux aisselles des feuilles. On doit les arracher autant de fois qu'il en pousse, afin de concentrer la sève dans les feuilles, qui sont l'objet principal de la culture.

Pour avoir de la graine, on laisse dans le champ

quelques pieds fans les étêter. Il en faut laiffer très-peu, fi on n'a pas l'intention d'en vendre, car un beau pied de Tabac peut fournir de quoi enfemencer un arpent, mefure de Paris. On laiffera venir à graine les pieds les plus vigoureux, les premiers plantés, & non ceux de remplacement. En Hollande, on les effeuille à mefure qu'ils montent, pour que toute la fève fe porte à la graine ; on ne récolte ces pieds que quand les capfules qui contiennent la graine, deviennent noires. Alors, on les coupe & on les fufpend au plancher de l'habitation jufqu'au Printems. La graine acquerre de la qualité, & fe conferve bien dans fes capfules.

A l'égard du Tabac étêté qui doit fournir le véritable Tabac, on reconnaît que les feuilles font bonnes à cueillir, lorfqu'elles commencent à perdre cette verdure vive qui les caractérifait, pour prendre une faible nuance de jaune. Alors elles fe penchent vers la terre, & répandent leur parfum à une certaine diftance, il fe forme fur leurs furfaces quelques petites taches, & leurs côtes ont une certaine facilité à fe brifer fous les doigts.

Toutes les feuilles ne mûriffent pas à la fois, auffi ne doit-on pas les cueillir en même tems; on commence par celles d'en-bas, & on fuit en montant. Par cette raifon, dans quelques pays on en diftingue de trois qualités; les plus eftimées

font les plus élevées. Dans les bonnes cultures &
fabriques de Tabac, on met à part chacune des
trois qualités.

À mesure qu'on les cueille, on les pose les
unes sur les autres, le plus proprement qu'il est
possible, & on les porte au séchoir.

Les feuilles de Tabac s'enfilent avec de la ficelle
ou du gros fil, pour être suspendues à des perches,
ou bien on les perce & on les passe dans de petites
gaules rondes, de bois d'aulne ou de saule, de 5
à 6 pieds de longueur & d'un pouce d'épaisseur. On
fait ensorte que les nerfs d'une feuille ne touchent
pas ceux d'une autre. Les petites gaules se posent
sur des pièces de bois, les unes au-dessus des
autres, ou sous un hangard ou dans un grenier
sec, qui ait des ouvertures de tous côtés, afin
que le vent puisse dessécher le Tabac. De tems
en tems on remue les feuilles, sur-tout s'il ne
fait pas de vent. Plus les gaulettes sont écartées,
& moins les feuilles sont près, plus la dessication
s'opère facilement.

Les feuilles d'en-haut ou de première qualité,
étant plus épaisses & plus grasses que les autres,
il leur faut plus de tems pour sécher. On les cueille
le plus près que l'on peut de la tige, pour n'en
rien perdre.

Lorsque le tems est nébuleux ou humide, on
est obligé de faire du feu dans l'endroit où sèche

le Tabac, afin que les feuilles ne fe gâtent pas ; dans un tems fec on fe garde bien de faire du feu.

L'ufage apprend le tems jufte de la parfaite deffication du Tabac. S'il était trop fec, il perdrait fon parfum ; s'il était humide, il fe pourrirait. On pourrait dire que l'indice le plus certain eft quand, preffant dans la main une poignée de feuilles, elles reprennent leur volume, fans être caffées, auffitôt qu'on ouvre la main.

Dès que les feuilles font fuffifamment fèches, on defcend les gaulettes fur le fol, les feuilles y reftant attachées. On les range les unes au-deffus des autres, de manière à former un carré, au milieu duquel fe trouve un efpace vide, neceffaire pour que la vapeur des feuilles, qui fe reffuient, puiffe s'échapper ; on les laiffe en cet état 8 ou 15 jours, après quoi on les recouvre jufqu'à ce qu'on veuille en faire des bottes.

Le Tabac, mis en bottes, s'emballe par parties de 12, 13, 14 ou 1500 livres dans des nattes, des mannes ou des boucauts.

On corde le Tabac au moyen d'une grande roue, placée devant une table, fur laquelle on étend les feuilles.

Les tiges du Tabac reftantes après la récolte fucceffive des feuilles, fervent d'engrais au champ, foit qu'on les arrache pour les coucher au fond des sillons lors du premier labour à la charrue, soit qu'on mette en pièces avec la bêche, lorsqu'on laboure avec cet instrument.

La Société d'Agriculture, en donnant les détails qui précèdent sur la culture du Tabac, n'a eu en vue que de fixer les idées des Cultivateurs qui n'ont jamais semé cette plante. Elle pourrait avoir omis quelques circonstances, & cette omission serait due à l'insuffisance des renseignemens qu'elle a eus jusqu'ici. Plusieurs de ses Membres & de ses Correspondans, s'étant proposés de faire, cette année, des essais sur le Tabac, elle sera en état, après la récolte, de suppléer à ce qui pourrait manquer dans cet Avis.

EXTRAIT

Des Registres de la Société Royale d'Agriculture, du 24 Février 1791.

LA faculté de cultiver le Tabac dans toute la France, c'est-à-dire le droit de demander à la terre ce qu'elle peut donner, ayant été rendu aux Agriculteurs par un Décret de l'Assemblée Nationale, la Société, persuadée que plusieurs Cultivateurs s'empresseront de jouir de cette prérogative, avait chargé sur le champ M. l'Abbé

Lefebvre & M. l'Abbé *Teſſier* de recueillir les différens procédés relatifs à la culture & à la préparation du Tabac, & d'en former un Mémoire pour servir de guide aux personnes qui voudraient, cette année, s'adonner à cette branche d'Économie rurale. M. l'Abbé *Teſſier* a fait lecture de cet *Avis*, & la Compagnie, après en avoir adopté le contenu, a décidé qu'il serait imprimé à ses frais, pour être distribué aux différens Cultivateurs du Royaume.

Certifié conforme à l'original.

A. BROUSSONET, *Secrétaire perpétuel*,

...not be reprefented, a
will be figured, as it is
Plant, may be acquired
...fenting fome of their
...ced.

...whole of the Plants
...Miles of LONDON are
...if the Author fhould
...meet with the necef-
...purpofed afterwards to
...to extend to all the
...Great Britain.

A Specimen of the Work may be feen, and Pro-
pofals had at the Author's, Nº. 51, Gracechurch-
Street, where the Encouragers of the Work are re-
quefted to fend their Names and Places of Abode,
that they may be fupplied with it when Publifhed,
and their Names inferted in the Lift of Subfcribers
which will be Publifhed with each Volume.

The Numbers are now publifhed at Numb. 6,
Talbot-Court, Gracechurch-Street, and fold by the
Bookfellers in Town and Country.